OBSERVATIONS

SUR

LE RAPPORT FAIT AU NOM DE LA COMMISSION

DE LA CHAMBRE DES DÉPUTÉS,

CHARGÉE D'EXAMINER LE PROJET DE LOI

SUR LA DETTE PUBLIQUE

ET L'AMORTISSEMENT.

OBSERVATIONS

SUR

LE RAPPORT FAIT AU NOM DE LA COMMISSION

DE LA CHAMBRE DES DÉPUTÉS,

CHARGÉE D'EXAMINER LE PROJET DE LOI

SUR LA DETTE PUBLIQUE

ET L'AMORTISSEMENT.

Par Armand SÉGUIN.

PARIS,

DE L'IMPRIMERIE DE A. HENRY,

RUE GÎT-LE-COEUR, N° 8.

FÉVRIER 1825.

OBSERVATIONS

SUR

LE RAPPORT FAIT AU NOM DE LA COMMISSION

DE LA CHAMBRE DES DÉPUTÉS,

CHARGÉ D'EXAMINER LE PROJET DE LOI

SUR LA DETTE PUBLIQUE

ET L'AMORTISSEMENT.

LE rapport fait à la Chambre des Députés, au nom de la commission chargée de l'examen du projet de loi sur la dette publique, et dont les conclusions tendent à l'adoption entière du projet, renferme des propositions importantes, présentées comme incontestables, et qui, cependant (ce me semble du moins), seraient bien plus près de l'erreur que de la vérité.

Il pourrait donc n'être pas sans quelqu'intérêt de réfléchir sur elles avant de les admettre, et d'autant plus que ces propositions ont évidemment entraîné l'opinion de la commission en faveur du projet.

En lisant le rapport, on est frappé d'une pensée unique qui, pour ainsi dire, se reproduit à chaque page, *pensée mère* qui aurait dominé tout le travail de la commission, et formé son opinion : ce serait celle des avantages que devrait procurer à l'État un abaissement général du taux de l'intérêt, « *effet nécessaire et forcé de la réduction des rentes.* »

Cette conviction se trouve, dans le rapport, exprimée en ces termes :

« L'effet le plus salutaire de l'adoption de
» la loi sera l'abaissement général du taux de
» l'intérêt qui devient la conséquence nécessaire et forcée de la réduction de la rente. »

Mais, si la réduction de la rente ne produisait pas nécessairement et forcément un abaissement général du taux de l'intérêt ;

Si l'abaissement général du taux de l'intérêt n'était point un effet salutaire;

Le projet de loi perdrait donc tous ses appuis ; il manquerait le but, l'objet qu'on se proposera toujours, celui d'une utilité publique et générale.

Je crois pouvoir démontrer *palpablement :*

1°. *Que la réduction de la rente ne produirait point un abaissement général du taux de l'intérêt, et que, bien loin de là, son effet serait (EFFET DOUBLEMENT DÉSASTREUX) d'augmenter et le taux de l'intérêt, et les charges des contribuables ;*

2°. *Que l'abaissement du taux de l'intérêt (SUPPOSÉ QU'IL PUT SE FAIRE) ne serait pas salutaire ; que, loin de là, il deviendrait très-préjudiciable à la fortune publique.*

Si cette démonstration pouvait devenir sensible pour tous, autant qu'elle me paraît évidente ; il serait possible que l'adoption du projet pût être considérée, *dans ses conséquences,* comme une calamité publique.

Voici le résumé des propositions que je vais développer :

La réduction de la rente ne produirait point un abaissement général du taux de l'intérêt ; elle produirait plutôt un résultat inverse.

Elle augmenterait les charges des contribuables.

Dans notre position, la diminution du taux de l'intérêt, loin de nous être avantageuse, nous serait préjudiciable.

§. 1ᵉʳ.

Une réduction de la rente ne rendrait pas nécessaire et forcé l'abaissement général du taux de l'intérêt : ce taux pourrait s'en trouver plus élevé.

Le projet de loi, pour mériter la faveur d'une adoption, doit, suivant même le rapport, être soutenu par cette conviction : que l'abaissement général du taux de l'intérêt sera un effet nécessaire et forcé de la réduction de la rente.

Si conviction peut être, elle sera ; elle devra être : que la réduction de la rente n'amènera pas un abaissement dans le taux de l'intérêt.

En effet, les résultats du projet de réduction *seraient*, relativement à la direction de nos capitaux, diamétralement opposés à ceux qu'on présente comme déterminans pour l'adoption.

Ainsi, on fait espérer qu'une partie des fonds placés en rentes se déplacerait pour retourner à l'agriculture et au commerce.

Et, en même temps, on veut substituer aux rentes actuelles des rentes de 3 pour cent, qu'on donnerait à 25 pour cent de perte pour l'État, et dont le placement, d'après même cette *vilité* de prix, exigerait encore l'emploi en rentes d'un capital exactement *égal* à celui placé sur les rentes actuelles.

On éteindrait 140 millions de rentes, au taux de 5 fr. pour 100 fr., ce qui équivaut à un capital de

2,800,000,000 fr.

Et on donnerait en échange 112 millions de rentes, en 3 pour cent au taux de 75 fr. pour 3 fr., ce qui représente un égal capital de

$$2,800,000,000 \text{ fr.}$$

Ainsi, la *substitution*, et conséquemment l'opération ne diminuerait en rien la somme du numéraire consacré à la circulation des rentes.

Il ne pourrait dès-lors en retourner aucune portion à l'agriculture, au commerce, aux manufactures.

L'ordre des probabilités indiquerait, au contraire, que l'agriculture, le commerce et les manufactures, loin de recevoir un secours pécuniaire d'un déplacement des fonds consacrés aux rentes, verraient, au contraire, se perdre pour leurs besoins, et leur échapper une partie des fonds, déjà insuffisans, qui les alimentent, pour fournir aux rentes nouvelles les capitaux qui manqueraient au besoin de leur circulation.

En effet, déjà même avant l'adoption définitive d'aucun projet de réduction, les 3 pour cent se faisaient à 80 fr. ; dès-lors les 112 millions exigeraient un emploi de fonds de

2,986,660,000 fr.

Ainsi, immédiatement, le besoin de la circulation de ces nouvelles rentes soutirerait à l'agriculture, au commerce et aux manufactures, un capital de

186,660,000 fr.

Et si, comme cela est présumable, d'après toutes les dispositions prises dans l'intérêt des traitans, les trois pour cent s'élevaient à leur pair de 100 fr. ; ces 112 millions de rentes soutireraient à l'agriculture, au commerce et aux manufactures, pour leur circulation, un capital de

933,333,333 fr.

Ce serait bien à tort qu'on prétendrait que ce soutirement de fonds fait à l'agriculture, à l'industrie et au commerce, n'aurait lieu qu'à l'achèvement de l'amortissement.

En effet, si le cours au pair devait exister dès la première année, le soutirement des 933 millions aurait lieu dès la première année, et durerait pendant tout le temps de l'amortissement, dût-il être de cinquante ans.

Il ne serait pas plus exact de prétendre que le soutirement des fonds fait à l'agriculture, à l'industrie et au commerce, pourrait être compensé par la réduction des 28 millions sur les rentes.

En effet, cette compensation ne pourrait avoir lieu que pour 28 millions par an, seulement pendant un certain nombre d'années.

Elle ne serait qu'une économie annuelle *sans capital*, et qui finirait au bout de quelque temps;

Tandis que les 933 millions que l'opération enlèverait à l'agriculture et à l'industrie, seraient un capital actuel, dont elles sentiraient la privation immédiate, et en totalité, en moins de trois ans probablement, et pour une éternité.

Ne fût-ce que pendant cinquante ans, il

faudrait bien moins d'années de cette privation pour éterniser leur ruine.

L'économie des 28 millions d'arrérages ne pourrait être raisonnablement présentée comme une compensation que de la perte annuelle qu'éprouverait l'agriculture et l'industrie par le *soutirement* des 933 millions.

Or, cette perte de produits annuels ne pourrait être au dessous de 50 millions.

Que *dire* alors et que *juger* de cette *économie* de 28 millions !

Si donc, comme cela est d'une évidence absolue, la réduction sur la rente de 5 pour cent, par libération en 3 pour 100 à 75 fr., loin de faire refluer des fonds sur l'agriculture, doit, au contraire, lui soutirer une partie de ses propres fonds, il en résultera inévitablement que l'intérêt de la portion restante à l'agriculture devra augmenter : *résultat inverse de celui dont semble se flatter la Commission.*

Il serait également évident que cette réduction serait préjudiciable à la masse entière des

contribuables ; car elle augmenterait considérablement leurs charges. Telle est ma seconde
proposition.

§. II.

*La réduction de la rente augmenterait les charges
des contribuables.*

J'ai, dans mes précédens écrits, démontré,
et l'*évidence* et l'*importance* des charges que la
réduction des rentes ferait supporter aux contribuables. Je n'y reviendrai pas.

Il me suffira de rappeler que cette augmentation, en capital seulement, s'éleverait à plus
de deux milliards et demi, et que la réduction
priverait en outre les contribuables, pendant
plus de trente années, d'une décharge annuelle
de plus de 210 millions.

§. III.

*L'abaissement du taux d'intérêt (supposé qu'il pût
se faire) ne serait pas salutaire : loin de là, il deviendrait très-préjudiciable à la fortune publique.*

Il serait de même évident que, si l'abaissement général de l'intérêt avait lieu, par suite de la réduction sur les rentes, cet abaissement, loin de procurer aux contribuables un avantage pécuniaire , leur occasionnerait au contraire un préjudice inévitable.

En effet, nous avons établi que les revenus de la France , en tous genres, s'élevaient à

4,200,000,000 fr.

Et que les arrérages des rentes s'élevaient , à-peu-près, à

200,000,000 fr.

D'où il résulte que la vingt et unième partie des revenus de la France est consacrée au service des arrérages des rentes; en d'autres termes, que ce service, comparé au revenu des richesses de la France, est de

4.76 pour cent.

Sur les 200 millions de rentes, 35 millions sont déjà rachetés : il n'en reste plus à racheter que

165 millions.

La réduction qu'on y appliquerait réduirait le service des arrérages à

167 millions.

En comprenant dans cette somme les 35 millions rachetés.

Et, de même, la totalité des revenus de la France se trouverait réduite à

3,360,000,000 fr.

D'où il résulterait que la vingtième partie des revenus de la France serait consacrée au service des arrérages des rentes ; en d'autres termes, que ce revenu, comparé au revenu des richesses de la France, serait de

5 pour 100.

Il paraît donc certain, et il doit être incontestable,

1°. *Que la réduction de la rente ne produirait pas un abaissement du taux de l'intérêt;*

2°. *Qu'elle augmenterait les charges des contribuables;*

3.° *Que, dans notre position, la diminution du taux de l'intérêt nous serait préjudiciable.*

Cette dernière proposition me paraît mériter d'autant plus d'attention, qu'elle pourrait sembler, au premier abord, contrarier des idées généralement superficielles en cette matière. J'ajouterai donc quelques considérations générales qui pourront rendre plus sensible l'évidence de la proposition.

Considération relatives à l'influence des taux de l'intérêt de l'argent sur la prospérité des États.

« Vous le savez, Messieurs (a dit M. le
» Rapporteur), c'est en grande partie au bon
» marché de ses capitaux que l'Angleterre doit
» sa miraculeuse prospérité. Procurons à notre
» pays des facilités analogues, et il recueillera
» les mêmes résultats, car, assurément, sous
» le rapport de l'intelligence et de l'activité,
» nous soutiendrons toujours la concurrence
» avec nos voisins. »

Ce peu de lignes est le germe de propositions nombreuses qui, toutes, ou du moins en grande partie, se résoudraient en un sens inverse de celui dont le sentiment de M. le Rapporteur semblerait avoir été affecté.

J'ai approfondi ces propositions dans l'ouvrage en quatre volumes que je viens de publier; mais comme cet ouvrage pourrait ne pas, immédiatement, se trouver en un grand nombre de mains, j'énoncerai dans cet écrit, vu l'urgence de la circonstance, ceux de mes principaux argumens qui se rapportent à la discussion à laquelle je vais me livrer.

Dans les Etats qui ne possèdent pas de mines d'or, le seul *générateur* de la prospérité financière, et le seul *réparateur* des pertes absolues de numéraire est la balance avantageuse du commerce extérieur.

Les conquêtes peuvent bien augmenter, momentanément, la richesse d'une nation; mais l'exemple des siècles a prouvé que ce ce genre d'amélioration ne peut avoir qu'une courte durée, et que souvent on paie bien chèrement, à son tour, les avantages passagers qui en sont résultés.

Mais ce qui n'a pas de limites relativement à l'accroissement des richesses d'une nation, ce sont l'industrie et l'activité manufacturière et commerciale.

Elles vivifient le commerce extérieur, et elles augmentent et améliorent les jouissances de chacun des membres de l'Etat.

A égalité d'autres circonstances, l'*extension* des exportations, principale source de la balance avantageuse du commerce extérieur, dépend de la *diminution* du prix, et de l'*amélioration* de la qualité des objets exportés :

Ainsi, toute nation qui jouit d'une balance favorable du commerce extérieur réunit, nécessairement, *extension, économie* et *amélioration* de fabrication ou de production.

L'*amélioration* dépend, principalement, des *soins*, de l'*intelligence* et de la *capacité* des directeurs de manufactures ou d'exploitations.

La *diminution de prix* dépend, 1° du *génie* des directeurs, qui leur fait imaginer et mettre en pratique des modes de fabrication et de pro-

duction plus *simples*, plus *assurés* et plus *éco-
nomiques*, et qui, par suite, leur fait obtenir
des résultats plus *parfaits ;* 2° de *la diminution
dans les taux d'intérêts des secours en argent
nécessaires à la formation ou à la vitalité des
établissemens.*

En approfondissant ces causes d'*influence*,
on reconnaît :

1°. Que la première a tous les genres d'*avantages*, sans nul *inconvénient ;*

2°. Que la seconde, au contraire, a des *avantages* et des *inconvéniens*, et que ce n'est que
par la balance de ces résultats inverses qu'on
doit se déterminer à la *désirer* ou à la *délaisser*.

En effet, l'influence du génie est une *créa-
tion*, une *addition* aux richesses déjà existantes
d'un État ; cette influence améliore aussi bien
les rapports intérieurs que les rapports extérieurs.

Quant à la seconde cause d'influence, savoir,
la *diminution* du taux de l'intérêt, elle mérite,
sous tous les rapports, l'examen le plus réflé-
chi, sur-tout pour établir, autant que pos-

sible, la balance entre ses avantages et ses dé-savantages.

La *fixation* du taux *légal* de l'intérêt doit être d'autant moins *arbitraire*, qu'elle a une grande influence sur les rapports financiers de l'intérieur et de l'extérieur.

L'Angleterre, la Hollande et la France, par exemple, auront toujours, dans leur *taux* d'intérêt, des *nuances* très-prononcées : de telle sorte que, dans leurs rapports financiers *réciproques*, le plus souvent, ce qui est *favorable* à l'une de ces nations doit être *défavorable* aux autres.

Un tel genre de *méditation* mériterait d'autant plus de *fixer l'attention*, que ses résultats ont une *immense influence* dans toutes les combinaisons politiques, *avouées* ou *déguisées*.

Indépendamment du taux fixe de l'intérêt légal, les négociations de tous genres comportent en outre des taux variables d'intérêt qu'on nomme *conventionnels*, et dont l'importance dérive de la comparaison entre les ressources et les besoins.

Lorsque le taux de l'intérêt *conventionnel* est peu élevé, la première conséquence que doit en *déduire* la raison, est que les ressources excèdent les besoins.

Sous l'aspect des rapports extérieurs, cet *excédant* des ressources, comparativement aux *besoins*, est un germe de *prépondérance* des nations entre elles.

Mais ce n'est pas le taux peu élevé de l'intérêt qui *l'engendre*: cet excédant est uniquement dû, lorsqu'on ne possède pas de mines d'or, à la balance *avantageuse* de l'extension du commerce extérieur.

En effet, lorsque, dans un pays où la masse de numéraire n'*augmente* ni ne *diminue* et où le taux de l'intérêt est peu élevé, le commerce extérieur *acquiert de l'activité* et fournit de nouveaux débouchés, le taux de l'intérêt doit tendre immédiatement à *s'élever*, jusqu'à ce qu'enfin son emploi n'y trouve plus un *avantage* suffisant.

Croit-on, par exemple, que si l'Angleterre pouvait *accroître* encore son commerce extérieur, déjà si *immense*, l'intérêt de ses capitaux serait, dans son intérieur, si *peu élevé ?* Non, certainement; il *s'éleverait* proportionnellement aux nouveaux emplois de ses moyens; de telle sorte que bientôt ses capitalistes auraient intérêt à retirer leurs fonds de toutes les autres places, qui cesseraient de leur offrir un *appât supérieur.*

Dans une telle position, le taux de l'intérêt, en Angleterre, serait momentanément plus élevé qu'il ne l'est en ce moment; et, cependant, sa *prospérité* serait *proportionnellement* plus considérable.

Voilà donc la preuve que le moindre taux de l'intérêt n'est pas toujours l'*indice* d'un *accroissement* de *prospérité ;* et que, *contrairement,* souvent et assez généralement , l'*élévation* de l'intérêt est l'*indice* certain d'un *accroissement* de *prospérité.*

En effet, la balance *avantageuse* d'une *extension* du commerce extérieur, dont le résultat *précurseur* a été une *augmentation* du taux de l'intérêt, attire une plus grande masse de numéraire, dont *définitivement* une portion *reste* dans la circulation à titre de *bénéfice.*

Relativement aux *oscillations* du taux de l'intérêt, *l'extension* de la balance *avantageuse* du commerce extérieur doit donc avoir plusieurs *périodes* distinctes.

Aux approches de l'extension, le taux de l'intérêt doit *s'élever* dans le rapport de *l'accroissement* des nouveaux besoins, relativement à *l'extension.*

A la *réalisation,* le taux de l'intérêt doit *s'abaisser,* parce que la portion de numéraire qui établit le *bénéfice net* de la balance avantageuse *accroît* la masse circulante du numéraire.

Entre ces deux points *extrêmes,* la marche doit être telle que la première *élévation* du taux de l'intérêt doit graduellement *décroître.*

On ne saurait donc trop le répéter, parce que *l'illusion* contraire serait trop *dangereuse.*

Dans un État dont la masse réelle de numéraire ne *diminue* ni *n'augmente,* et qui n'a d'autre source *d'accroissement* de numéraire, et conséquemment de *prépondérance* politique, que la balance avantageuse de son commerce extérieur, *l'abaissement* du taux de l'intérêt, à moins qu'il ne soit le résultat de *l'extension* même du commerce extérieur, est un *indice* de *décroissement* de prospérité, tandis que *l'élévation* du taux de l'intérêt est un indice *d'accroissement* de prospérité.

Un autre indice, presque aussi assuré, de *détérioration financière*, lorsque la masse du numéraire ne *diminue* ni n'*augmente*, est l'emploi respectivement déraisonnable des capitaux.

C'est ainsi que, dans les villes où la population n'est pas sensiblement *augmentée*, les constructions se multipliant de manière à être disproportionnées avec les *besoins*, on peut en conclure un défaut de tout autre emploi utile et raisonnable.

Dans le cas d'emploi *fructifère*, le commerçant, l'homme *industrieux*, ne redoute jamais *l'élévation* du taux de l'intérêt ; il le *vivifie* par *l'exigence* de ses *spéculations*; et si, dans cette *direction*, il se trouve *entravé* par le taux *légal*, il cherche à *éluder* la loi jusqu'au point où son bénéfice se trouve *réduit* à ce que sa *raison*, sa *convenance*, son *besoin* *d'utiliser* ses établissemens , *d'occuper* ses ouvriers , et *d'employer* ses matières premières, fixent comme une juste *compensation* de son entreprise.

Il peut , en adoptant ce sage parti, gagner sur chaque objet un peu moins ; mais la plus grande masse de ses gains en augmente l'importance.

Il est même des circonstances où un manufacturier , qui entend bien ses intérêts , préfère à la *stagnation* une balance qui ne présente d'autre aspect qu'une *compensation* entre *l'actif* et le *passif*.

Il tient alors ses ouvriers en haleine, évite leur *désertion* , n'éloigne pas les *chalands* , et ne leur laisse pas prendre d'autres *directions* , d'autres *habitudes*.

On ne peut donc jamais *redouter* le haut taux d'intérêt.

S'il présente encore de *l'appât* , il aura nécessairement emploi.

Dans le cas contraire, le *défaut* d'emploi le *contraindra* bien à *s'abaisser*.

Le *commerce et l'industrie,* dégagés de toutes les *entraves* qui ne seraient pas *exigées* pour le *salut* ou la *prospérité* de l'État, seront toujours, pour la *fixation variable* du taux de l'intérêt *conventionnel,* les meilleurs des *régulateurs*.

Pour vivifier et *accroître,* d'une manière *efficace* et *durable,* notre *prospérité* financière , nous n'avons donc qu'une marche à suivre.

Faisons tous nos efforts pour que la *balance avantageuse* de notre commerce extérieur redevienne au moins ce qu'elle était en 1780 ; qu'en conséquence elle *quintuple* dans son importance, et bientôt alors le taux de l'intérêt prendra son *véritable niveau:* et son *élévation* probable , mais *momentanée,* concourra *efficacement* à *l'accroissement* de la *prospérité* de l'État.

En vain voudrait-on *balancer* les conséquences que je viens de rapprocher, par ce principe *vrai* en lui-même , que le *bas* taux de l'intérêt donne la possibilité de *produire* à moindre prix, et conséquemment de se *procu-rer* plus de moyens de soutenir la *concurrence*. Oui, sans doute, le bas taux de l'intérêt est un des élémens favorables à la prépondérance dans la *concurrence* relative au commerce extérieur; mais ce n'est pas le seul; il en existe un autre bien plus *influant* dans son application : c'est le moindre prix de *fabrication.*

Quand, de nation à nation, les deux natures d'avantages sont *supérieures* pour l'une d'elles, la *concurrence* relative au commerce extérieur ne peut exister : la prépondérance reste tout *en-tière* pour le producteur qui jouit des deux *avantages.*

Et de même quand les deux genres d'avantages sont divisés, la *prépondérance* relative au commerce extérieur est pour celui de ces avantages qui *dépasse* l'autre.

Dans ces deux cas, le gouvernement lésé doit, avant tout, recourir à des *prohibitions* bien entendues et combinées avec ses besoins *indispensables.*

Les gouvernemens qui, en cherchant à obtenir ces avantages, n'atteignent que le premier de ces buts, n'améliorent pas la position de l'État, et *favorisent injustement* le fabricant aux dépens du capitaliste , car, le premier ne devant pas, dans ce cas de *restriction* à l'intérieur, augmenter sa fabrication , ne donnerait pas à *moindre* prix.

Mais si, par leur concours dans le *fraiement* de nouvelles *voies* d'écoulemens , et par des *combinaisons* politiques , d'extérieur et d'intérieur , bien entendues , ces gouvernemens facilitent l'essor du *génie national,* ils peuvent obtenir les deux genres d'avantages , et la *prépondérance* de *concurrence* peut enfin tourner de leur côté.

Dans la comparaison qu'on peut établir sous ces aspects entre des gouvernemens rivaux, on conçoit que si l'un d'eux qui jouirait de la supériorité relativement aux deux genres d'avantages, trouvait , dans les résultats et dans les conséquences *accessoires,* une compensation de sa *faible* diminution d'avantages, il croirait avoir fait un *excellent calcul,* en *détériorant* quelque peu, et sans inconvénient *réel* pour lui, par des *insinuations intéressées,* telle que celle de la *réduction* de nos rentes, l'une de ses *positions* , pour améliorer, dans un ordre de *compensa-tion* bien supérieur, plusieurs de ses autres positions.

Telles sont au vrai les *aspects respectifs* de l'Angleterre et de la France.

C'est en cela que, pour l'instant, la mesure de la réduction de nos rentes, sans doute vivement désirée par nos voisins,

1°. N'atténuerait en rien la *suprématie* commerciale de l'Angleterre, qui, dans la concurrence, continuerait à pouvoir donner, à plus bas prix, des produits supérieurs en qualité.

2°. Que le résultat immédiat de la réduction de l'intérêt en France serait d'accroître la prospérité intérieure de l'Angleterre, en faisant naître dans l'esprit de ses capitalistes d'autres genres de *fructification*, et en augmentant sa *prépondérance extérieure*.

Ce ne serait donc pas par la *diminution* de notre taux d'intérêt que nous pourrions espérer *d'établir* à notre avantage la *concurrence* dans le commerce extérieur; ce ne sera que par la position où nous nous *placerons* pour obtenir *directement*, et sans intermédiaire, les *matières premières;* ce sera par la force de notre *génie*, qui diminuera la *valeur* réelle de notre *fabrication*, et par les *combinaisons politiques* de notre Gouvernement, qui en *facilitera l'écoulement :*

Tout cela est encore *possible :*

Mais il ne faut pas se le *dissimuler ;* jouissant à peine d'une balance avantageuse du commerce extérieur, la réalisation de notre espoir, si nous persistions à nous égarer dans la fausse route que nous frayons, offrirait de grandes difficultés.

Pour les surmonter, il faudrait d'abord *convaincre* qu'on en a le vouloir.

Non ce vouloir *inconstant* qu'épouvante tout *obstacle*, toute *résistance*, toute *durée* d'exécution ;

Mais ce vouloir *opiniâtre*, qui ne se *décourage* de quoi que ce soit, et qui ne croit avoir achevé son *ouvrage* que quand il n'entrevoit plus une *amélioration* possible.

En nous conformant à ces dispositions, nous réussirons.

Mais puisse le ciel nous préserver de l'*in-fluence* des *déviations*, que nous nous *suggére-rions*, ou que, dans des *intérêts nationaux dis-tincts*, on ne *manquerait* pas de nous suggérer !

Nos voisins ont pour l'instant, relativement à ce genre d'influence, une suprématie très-prononcée.

La balance de leur commerce extérieur est réellement colossale.

Ce résultat ne contribue pas peu, sans doute, à leur influence directe ou indirecte, médiate ou immédiate, secrète ou ostensible sur les combinaisons de toutes les autres nations du globe.

Est-il beaucoup d'oppositions qui résistent à beaucoup d'argent et à tact fin dans son emploi ?

Un tel levier rencontre-t-il jamais de résis-tance durable, et insurmontable ?

J'entends opposition et résistance ennemies.

Du temps ! de l'esprit national ! de l'argent et de l'expérience !

Avec de tels élémens on serait, jusqu'à un certain point, excusable de concevoir l'espoir de devenir enfin l'*arbitre* du monde entier.

Industrie !

Source créative et vivifiante ! germe le plus fécond de la prospérité des États !

Vous êtes, incontestablement, après les *vertus* et le *génie*, le don le plus précieux du ciel !

***

Des mobiles présumables de nos directions financières.

J'ai dit, et je répète avec conviction, qu'il est difficile de se défendre de la pensée que le projet de la réduction sur nos rentes ne soit, si non suggéré, au mois fortement appuyé par des influences *anti-nationales*.

Des *jalousies étrangères* nous observent; à l'instar de l'enchanteresse, leur politique sème de roses le sentier de notre précipice.

Répétons donc hautement et tirons-en vanité : Pour des Français, les véritables roses sont la franchise, la loyauté et la gloire. Leur génie est trop transcendant pour s'astreindre à des imitations inapplicables dans leur déplacement.

Comme appui de ces premières observations, j'ai établi,

1°. Que la quotité relative du numéraire est l'une des bases de la prépondérance des États;

2°. Que cette surabondance relative dérive principalement de la balance avantageuse du commerce extérieur qui soutire, graduellement, une forte partie du numéraire avec lequel s'établit son contact;

3°. Que de toute les balances du commerce extérieur des nations du globe, celle de l'Angleterre est la plus avantageuse;

4°. Que, par cela même, l'intérêt de l'argent doit y être peu élevé;

5°. Que, dès-lors, une forte partie de ses capitaux doit aller chercher ailleurs des placemens plus profitables;

6°. Qu'enfin, les exportations de son numéraire lui sont préjudiciables, parce qu'elles diminuent d'autant sa prépondérance financière.

D'où nous pouvons conclure :

1°. Que le Gouvernement anglais, forcé de se soumettre chez lui à un abaissement d'intérêt, trouverait un *accroissement de prospérité* dans une diminution de même nature, partout où s'étendent ses rapports ;

2°. Qu'en conséquence, il doit employer, sur tous les États de l'Europe, pour obtenir un abaissement général d'intérêt, tous les moyens qui sont en sa puissance, et particulièrement les influences pécuniaires, les bases d'imitation, et la préconisation ;

3°. Qu'enfin, notre intérêt bien entendu doit nous faire apprécier à leur juste valeur ces mobiles directeurs, et nous porter à ne les considérer que comme des piéges dont il nous importe d'autant plus de nous garantir, qu'au mal réel nous aurions à joindre le mal, non moins sensible, de notre amour-propre blessé.

Ouvrons les yeux ! il en est temps encore.

Apprécions à sa juste valeur notre *génie créateur !* N'imitons que quand nous reconnaîtrons notre impuissance de créer.

Généralement la réduction des rentes ne peut être profitable qu'aux débiteurs dont le capital de la dette est tellement énorme, que, ne pouvant espérer le rembourser jamais, ils ne l'envisageraient plus que comme une unité de convention, et n'auraient d'autre possibilité d'allégement que la diminution des débours annuels des arrérages.

Nous ne sommes pas, heureusement, dans une telle position, et jamais, du moins il faut l'espérer, jamais nous ne nous y trouverons.

L'exemple de nos voisins, pourquoi ne le pas dire ? de nos *rivaux*, nous sera profitable. Notre bonne étoile et notre perspicacité nous en dévoileront les conséquences. Nous ne serons pas en cela imitateurs, parce que, ne frayant pas les mêmes sentiers, toute imitation de cette nature nous serait au moins préjudiciable.

Soyons *nous*; pour toujours,

NOUS !

Que pourrions-nous désirer de mieux !

Quand des nations, presqu'en contact, ont respectivement des organisations et des positions différentes ; quand leurs intérêts, leurs habitudes, leur direction et leur genre de génie, doivent être la source d'une *jalousie* et d'une *rivalité inextinguibles,* toute apparence de bonne intelligence entr'elles est la suite d'un calcul intéressé.

Les conséquences successives et finales de semblables positions, sont faciles à entrevoir, et méritent, sous tous les rapports, si notre bonne étoile nous permet d'en apprécier toute l'importance, de fixer très-sérieusement notre attention, et toute notre sollicitude.

Le moment est opportun. Plus tard le mal serait irréparable.

Des directions fausses, complaisantes, intéressées ou inhabiles, devraient-elles donc parvenir à déclasser le rang supérieur de la France, et à la faire *descendre au second ordre des nations !*

Ce serait là la seule de nos fautes à laquelle le mot *oubli* ne pourrait s'appliquer.

Français ! vous vous aprécierez à votre juste valeur, et vous conserverez le *rang supérieur* *que vous devez occuper* TOUJOURS !

Armand SÉGUIN.

www.ingramcontent.com/pod-product-compliance
Lightning Source LLC
LaVergne TN
LVHW012105030726
842523LV00002B/726